Begleitend zur Buchreihe „Stark werden" ist im Felsenfest Musikverlag die CD „Auf meinem Weg" von Christoph Glumm erschienen. Sie enthält alle in diesem Buch zitierten Lieder und ist im Handel unter der ISBN 978-3-942781-14-5 oder über www.kawohl.de erhätlich.

Bestell-Nr.: RKW 5000
© 2012 by Kawohl Verlag, 46485 Wesel
Verlag für Jugend und Gemeinde
Alle Rechte vorbehalten

Titelfoto: Fotolia / GIS
Cover-Gestaltung: Dietmar Reichert, Dormagen
Lektorat und Satz: RKW
Druck und Verarbeitung: CPI books, Ulm

ISBN 978-3-86338-000-7   www.kawohl.de

Stark werden

Christoph Glumm

Krisen

des Lebens bewältigen

kawohl

Inhaltsverzeichnis

Vorwort   **9**

Teil 1:
Eine gefährliche Chance   **13**

Jetzt ist die Zeit   **18**
Ganz persönlich: Jetzt ist die Zeit   *21*

Gedankenspiralen   **23**

Jeder Mensch durchlebt Krisen   **25**

Schicksalsschläge   **27**

Vorhersehbare Krisen   **30**

Ein Beispiel:
Die Krise in der Mitte des Lebens   **33**

Die garantierte Krise: Sterben & Tod 41

Teil 2:
Die Phasen der Krisenbewältigung 47

Erste Phase: Verleugnung 51

Zweite Phase: Wut & Anklage 53
Ganz persönlich: Am Tiefpunkt 56

Dritte Phase: Problemlösung 59
- Tipp 1: Beginnen Sie damit,
  Ihr Denken zu kontrollieren.
- Tipp 2:
  Kapseln Sie sich nicht von Ihrer Umwelt ab.

Ganz persönlich: Für meine Freunde 67

- Tipp 3: Beginnen Sie, das aufzuschreiben,
  was Sie bewegt.
- Tipp 4: Lesen Sie hilfreiche Bücher,
  die Trost und Kraft geben.
- Tipp 5: Versuchen Sie,
  jeden Tag für sich alleine zu betrachten.

Ganz persönlich: Kaum zu verstehen 74

Vierte Phase: Neue Perspektive 76
- Ich lerne, was wirklich wichtig ist.
- Ich lerne meinen Glauben neu zu sehen.
- Ich lerne, dass nichts vergebens ist.

Ganz persönlich: Nichts ist vergebens 82

Das Mosaik   83
Ganz persönlich: Das Mosaik   85

Anhang
Literaturhinweise   89
Über den Autor   91
Danksagung   92

Das Wichtigste auf einen Blick   94

Vorwort

Die Wege hinein in eine Krisensituation sind so verschieden, individuell und zahlreich, wie die Menschen, die sie durchleben. Hier liegt die Schwierigkeit für den Autor. Er kennt weder die Leserin oder den Leser persönlich, noch weiß er, was für den Betroffenen gut und richtig ist. Insofern kann ein Buch nicht das persönliche Gespräch und erst recht nicht eine eventuell notwendige Therapie ersetzen.
Dieser an sich richtige Einwand ist aber gleichzeitig auch ein „Totschlagargument" für jede Art von Ratgeber. Deswegen dann erst gar keinen zu schreiben, ist aus meiner Sicht aber der falsche Weg. Ich würde mich einer gewissen Verantwortung entziehen, da ich selber – unter anderem auch durch das Lesen von Büchern – Hilfe in einer schweren Lebensphase erhalten habe.
Der Weg wie ich in diesem Buch mit diesem scheinbaren Widerspruch umgehe ist: Ich berichte Ihnen offen und ehrlich, sozusagen beispielhaft, von meiner eigenen Krisenzeit. Ich schreibe über meine Zweifel, die eigenen Ängste und Fragen und über das, was mir geholfen hat. Dieser persönliche Aspekt ist mir sehr wichtig.

Einen weiteren Schwerpunkt bilden die anonymisierten Krisenerlebnisse von vielen Menschen, die ich als Arzt in den vergangenen Jahren begleiten durfte. Es erwartet Sie also ein Ratgeber mit praktischen Tipps, durchlebten Gedanken und Erfahrungsberichten!

Rein theoretische Überlegungen spielen eine untergeordnete Rolle. Medizinisches Fachwissen wird nachvollziehbar beschrieben, wenn es im Text dem allgemeinen Verständnis dient. Wer diesbezüglich ein Thema vertiefen möchte, findet in den Fußnoten Hinweise auf weiterführende Literatur.

Eine Besonderheit meiner Bücher sind die enthaltenen Lieder. Ich schrieb sie häufig in Momenten, in denen mir der Blick auf mögliche Auswege verbaut war. Wie Tagebucheinträge mitten aus der Krise, ergänzen sie den Text auf eine sehr emotionale Art und Weise. Die Lieder wurden von Hans Werner Scharnowski produziert und sind auf der CD *„Stark werden. Auf meinem Weg",* erschienen im Felsenfest Musikverlag, erhältlich.

Ihnen, die Sie dieses Buch lesen, wünsche ich viele positive Impulse. Vielleicht helfen einige neue Aspekte und Gedanken dabei, das eigene Leben wieder kraftvoll in die Hand zu nehmen und aktiv mit Gottes Hilfe durch Schwierigkeiten hindurch zu gehen?

Diesem ersten Band, der CD und der gesamten Reihe „Stark werden ..." wünsche ich eine weite Verbreitung. Es würde mich sehr freuen, wenn sie zu Mutmachern für Menschen in einer schweren Lebensphase werden könnten.

Dr. med. Christoph Glumm

Teil 1:

Eine gefährliche Chance

„Die Kreuze im Leben sind wie die Kreuze in der Musik – sie erhöhen."

Dieses Zitat stammt von dem berühmten Komponisten Ludwig van Beethoven, einem Mann, der in Sachen Leiderfahrung wahrlich mitreden konnte. Eine schöne Kindheit hatte er nicht. Sein Vater war Alkoholiker und misshandelte den Jungen seelisch und körperlich. Seine Mutter war häufig krank und konnte ihren Sohn nur wenig unterstützen. Vier seiner Geschwister starben sehr früh. Auch als Erwachsener musste Beethoven viel Kummer ertragen: Mit den Frauen hatte er kein Glück. Er verliebte sich immer wieder unglücklich und musste erleben, dass nicht ein einziger seiner Heiratsanträge jemals angenommen wurde. Gesundheitlich stand es schon seit seiner Jugendzeit schlecht um ihn. Doch die größte Tragödie war eine bereits im Alter von 30 Jahren einsetzende Schwerhörigkeit, die sich im weiteren Verlauf bis zur vollständigen Taubheit verschlimmerte – für einen Musiker *die* Katastrophe schlechthin.

Und aus dem Mund eines derart leidgeprüften Menschen kommt nun ein solcher Satz – eigentlich unfassbar. Denn wer in einer Krise steckt, wer mit Leid oder Tod konfrontiert wird, der kann im Normalfall überhaupt nicht sehen, was an dieser schlimmen Erfahrung auch nur annähernd positiv sein soll – geschweige denn „erhöhend."

Mir ging es jedenfalls so, als ich vor einigen Jahren selbst in einer schweren Lebenskrise steckte. In einer solchen Situation neigen wir dazu, alles schwarz zu sehen. Denn die Angst vor der möglichen Katastrophe ist fast übermächtig. Meist wirkt sie lähmend und versperrt uns den Blick auf positive Lösungen.

Deshalb ist das Wort *Krise* in unserem Sprachgebrauch auch weitgehend negativ besetzt. Ursprünglich war seine Bedeutung aber neutral. Denn eine Krise ist zunächst nichts anderes als die heiße Phase um einen Wendepunkt. Sie teilt unser Leben in ein „Davor" und ein „Danach." Ob der weitere Verlauf positiv oder negativ ist, bleibt an diesem Punkt aber noch offen.

Aus eigener Erfahrung weiß ich nur zu gut, dass Menschen, die in einer Krise stecken, das oft nicht so sehen können. Wer betroffen ist, bekommt schnell das Gefühl, es sei bereits alles zu spät.

Doch die Katastrophe ist nur eine von zwei Möglichkeiten. Die andere ist eine neue Chance für unser Leben. Das chinesische Schriftzeichen für Krise bringt diese Weichenstellung sehr deutlich zum Ausdruck: Es besteht aus zwei Teilen, von denen der eine die *Gefahr* symbolisiert, der andere hingegen die Gelegenheit oder auch die *Chance*.

Für die Chinesen stellt eine Krise also eine *gefährliche Chance* dar.

Gefährlich ist die Krise natürlich, weil sie in einer Katastrophe enden kann. Aber sie ist auch eine Chance, weil sie die Möglichkeit in sich trägt, etwas Neues und Gutes hervorzubringen.

Da ich selbst Arzt bin, möchte ich an dieser Stelle einen Vergleich aus der Medizingeschichte einschieben. Seit dem Mittelalter wird das Wort „Krise" im

Zusammenhang mit fieberhaften Erkrankungen gebraucht. Eine *Fieberkrise* ist eine sehr sensible und gefährliche Krankheitsphase. Früher, als es noch keine Antibiotika gab, entschied sich hier, ob der Körper die Krankheit dauerhaft bekämpfen kann. Überstand ein Patient diese Krise, so ging er mit einem gestärkten Immunsystem daraus hervor.

Ähnlich können auch viele Menschen, die eine Lebenskrise überstanden haben, im Rückblick erkennen, dass es genau diese schwierige Lebensphase war, die sie für ihr weiteres Leben stark gemacht hat.

Manche Autoren[1] gehen in der Beurteilung über den Sinn einer Krise sogar noch einen Schritt weiter. Ihnen reicht es nicht aus, die Krise „nur" als eine Chance zu betrachten. Sie formulieren es *härter*. Sie behaupten: Probleme und die daraus resultierenden Krisen – also die Wendepunkte – gehören zum Leben naturgemäß dazu, wie die Luft zum Atmen. Krisen sind absolut „normal" und eine notwendige Voraussetzung für jede Art von Veränderung im Leben. Ohne sie hätte es keine Weiterentwicklung gegeben und die Menschheit würde immer noch auf Steinzeitniveau leben.

---

1 so z.B. Michael Mary: Das Leben lässt fragen, wo du bleibst. Bergisch Gladbach: Lübbe, 2005.

Denn in einer gut funktionierenden Umwelt, in einem reibungslos laufenden System ohne Probleme und Widerstände, kommt keiner auf die Idee, irgendeine Veränderung vorzunehmen. Krisen sind daher notwendige Bedingungen der Erneuerung des Lebens[2]. Das Scheitern ist erforderlich, weil erst im Versuch einer Bewältigung jene Entwicklung einsetzt, die man schließlich als gelungenen und erfolgreichen Fortschritt bezeichnet.

Soweit die Theorie!

Aber wie sieht die Praxis aus?

---

[2] vgl. die Systemtheorien der Soziologen Niklas Luhmann (Niklas Luhmann: Einführung in die Systemtheorie. 5. Auflage, Heidelberg: Carl Auer Verlag, 2009) und Dirk Baecker (Dirk Baecker: Studien zur nächsten Gesellschaft. Frarnkfurt / M.: Suhrkamp, 2007)

Jetzt ist die Zeit

Sind derartige Gedanken zu den positiven Aspekten einer Krise überhaupt hilfreich, wenn sich ein Mensch in einer schweren Lebensphase befindet? Darf ich einem leidenden Menschen gegenüber überhaupt so etwas äußern? Klingt das für Betroffene nicht nur nach billigem Trost oder vielleicht sogar nach Hohn?

Um darauf zu antworten, muss ich mich an meine eigene Lebenskrise erinnern und die Zeit gedanklich einige Jahre zurückdrehen. Diese schwere Lebensphase begann für mich und meine Familie, als unsere kleine Tochter an Leukämie erkrankte. Die Diagnose warf unser Familienleben plötzlich und unvermittelt komplett aus der Bahn. Unser Alltag wurde jäh unterbrochen, der Boden unter den Füßen weggerissen. Es begann ein medizinischer Marathonlauf mit langen Klinikaufenthalten, Operationen und Chemotherapien. Immer wieder gab es Rückschläge, und wir mussten mehrfach mit dem Tod unseres Kindes rechnen.[3]

Wie hätte ich damals reagiert, wenn mir jemand gesagt hätte: „Lieber Christoph, beruhige dich.

---

[3] Mehr dazu erfahren Sie in: Christoph Glumm: Wenn das Leben kopfsteht. Friesenheim: mediaKern, 2010.

Jede Krise trägt eine Chance für das weitere Leben in sich"?

Vermutlich wäre mir der Kragen geplatzt. Wie ich mich kenne, wäre ich laut geworden und hätte in emotionaler Weise meinem Gegenüber klargemacht, dass er mich gefälligst in Ruhe lassen und seine „Weisheiten" an anderer Stelle kundtun soll. Mit anderen Worten: Ich hätte mich total unverstanden gefühlt und wäre darüber wütend geworden.

Denn für mich sah damals alles nach einer Katastrophe aus. Es gab nur die leidvollen Stunden, die sorgenreichen Tage, die Wochen ohne Lichtblick, die Monate ohne erkennbaren Ausweg und die Jahre voller Angst. Mein Blick war gefangen im Dunkel dieser Leiderfahrung. Ich sah kein Licht mehr. Ich musste all meine Kraft darauf verwenden, irgendwie durch den Alltag zu kommen. Mir fehlte die Energie, um aus dem schwarzen Loch nach oben in den Himmel zu blicken. Ich strampelte mich ab, verlor mich in meinen Sorgen und wurde zunehmend des Lebens müde. Ich war zu schwach, um über den Tellerrand hinauszuschauen. Aufbauende Worte empfand ich als Hohn und Karten mit tröstenden Sprüchen landeten sofort im Papierkorb.

Rückblickend erkenne ich aber auch, dass die aufbauenden Worte und die tröstenden Gesten doch eine positive Wirkung hatten. Selbst dann, wenn ich sie anfänglich ablehnte. Der helfende Effekt war manchmal erst viel später spürbar, nämlich genau dann, wenn er notwendig wurde: in den emotionalen Tälern, wenn ich alleine war mit meinem Schmerz und keine Hilfe mehr erwartete. Irgendwo in meinem Innersten sind diese Worte wohl hängengeblieben, und sie kamen zum richtigen Zeitpunkt wieder an die Oberfläche, um mir neue Hoffnung zu geben. Aus dieser Erfahrung heraus ist es mir sehr wichtig geworden, positive Gedanken und gewachsene Erkenntnisse zu formulieren. Denn nur so kann ich sie weitergeben. Nur so können sie auch im Leben eines anderen Menschen wirken.

Ganz persönlich

Am Anfang unserer Krisenzeit habe ich ein Lied geschrieben. So oder so ähnlich empfinden wahrscheinlich die meisten Menschen in einer Krise. Wir sehen nur das Negative. Das Positive erkennen wir leider oft erst im Nachhinein. Es ist wirklich ein Dilemma!

Jetzt ist die Zeit

Einen Schritt vor und zwei zurück
scheint es zu gehn,
ohne Richtung, ohne Sinn und ohne Ziel.
Viele Fragen ohne Antwort bleiben stehn.
Wer spielt mit wem hier dieses böse Spiel?
Ist es mein Fehler – oder doch nicht?
Bin ich Schuld, dass es so kam?
Ich werd fast verrückt – ich kanns nicht fassen.
Worauf kommt es jetzt nur an?

Wenn es Dich gibt, ist jetzt die Zeit –
um zu erleben, Du bist da.
Worte helfen kaum im Leid –
ich brauch ein Zeichen, sei mir nah.

*Alles, was bisher so wichtig für mich war,
hilft mir nicht weiter –
hilft mir nicht aufzustehn.
Alles war so einfach, alles war so klar.
Jetzt ist es dunkel – kein Licht zu sehn.
Kann es sein, dass es wahr ist,
dass keiner weiß, was hier geschieht?
Kann es sein, dass keiner da ist,
der auf unser Leben sieht?*

*Wenn es Dich gibt, ist jetzt die Zeit –
um zu erleben, Du bist da.
Worte helfen kaum im Leid –
ich brauch ein Zeichen, sei mir nah.*

Gedankenspiralen

Ein großes Problem in einer Krise sind unsere negativen Gedanken. Sie rauben die Energiereserven, ersticken neue Ideen und lähmen den letzten Rest Eigeninitiative. Sie verfolgen uns oft bis in die Träume und vernebeln sämtliche Alltagsaktivitäten mit ihren sich ständig wiederholenden Worthülsen: „Du schaffst das nicht mehr, es wird dir alles zu viel, hör auf, die Angst besiegt dich und raubt dir die noch verbliebenen Möglichkeiten zur Regeneration!"

Alles was hilft, diese sich abwärts bewegende negative Gedankenspirale eines Menschen in einer Krise zu stoppen, ist richtig und wichtig! Das kann ein Besuch sein, ein Telefonat, ein Ausflug, ein Abendessen, ein Gebet, die Gelegenheit, Frust abladen zu können oder eben der gedankliche Anstoß, die Chancen in einer Krise zu suchen, anstatt sich von der Angst immer mehr lähmen zu lassen.

Als Betroffene dürfen und sollen wir die Hilfe anderer Menschen annehmen. In Ergänzung dazu ist es aber auch wichtig, dass wir irgendwann selbst aktiv werden und an uns arbeiten. Das ist der schwierigere, aber auch der effektivere Teil des Weges.

In den vergangenen Jahren bin ich zu der Überzeugung gekommen, dass wir für unseren Weg auf dieser Erde alle einen Überlebensinstinkt mitbekommen haben. Dieser hilft uns, trotz aller Widrigkeiten durchzuhalten und nicht zu resignieren. Es handelt sich dabei um die göttliche Kraft, die in allen Lebewesen wohnt und wirkt. In einer Krisensituation müssen wir lernen, diesen inneren Kern neu zu entdecken. Es ist wichtig, dass wir uns seine Existenz wieder bewusst machen. So kann die daraus hervorströmende Kraft zu einer fassbaren Hilfe für uns werden.

Wie so oft im Leben ist unser Kopf an dieser Stelle das eigentliche Problem und nicht die uns umgebende Dunkelheit. Ich wage es, diese Behauptung aufzustellen, weil ich es selbst so erlebt habe. Im Grunde geht es in einer Krisenzeit um unsere *Einstellung*: Wir können uns kampflos dem Abwärtssog einer negativen Gedankenspirale überlassen. Wir können aber auch – wie in einem Paternoster-Aufzug – die abwärts führende Kabine verlassen und die nach oben führende Fahrstuhlseite benutzen. Es ist *unsere* Entscheidung, wie wir uns verhalten, und es liegt letztlich in *unserer* Verantwortung.

Jeder Mensch durchlebt Krisen

Glücklicherweise und Gott sei Dank tritt eine wirkliche Krise, im Gegensatz zu „normalen" Alltagsproblemen, eher selten in unserem Leben auf. Und doch trifft sie irgendwann jeden. Davon bin ich überzeugt. Als Kind hörte ich meinen Großvater oft sagen: „Unter jedem Dach ein *Ach*!" Damals verstand ich nicht, was er meinte. Heute, mit fast fünfzig, einer eigenen Krise und über zwanzig Berufsjahren als Arzt im „Gepäck", weiß ich, dass er Recht hatte.

Es gibt die vielen offensichtlichen und für jeden Außenstehenden nachvollziehbaren Krisensituationen im Leben der Menschen. Aber es gibt eben auch jene, die man nicht auf den ersten Blick erkennt. Oft glänzt die äußere Fassade: Alles wirkt gesund, harmonisch und zufrieden. Doch wenn man dahinter blickt – und das mache ich als Hausarzt von Berufs wegen recht häufig – kann man auch hier tiefe Krisen entdecken.

Offensichtlich gehören Krisen zum Leben dazu. Folglich muss sich auch niemand schämen, in eine Krise hineingeraten zu sein. Manche Menschen empfinden ihre Krise als Strafe und entwickeln zu allem Überfluss auch noch schreckliche Schuldgefühle. Sie haben den Eindruck, dass sie zu

Recht in dieser misslichen Lage stecken und jedes Recht auf Besserung verwirkt haben. Doch so etwas darf man sich weder von sich selbst noch von anderen Menschen einreden lassen.

Das können wir im alttestamentlichen Buch Hiob nachlesen: Hiob war ein gottesfürchtiger Mann. Doch er musste im Laufe seines Lebens viele leidvolle Situationen durchleben und schlimme Krisen überstehen. Einige seiner Freunde waren sich sicher zu wissen, warum ihm all das Schlechte widerfuhr. Sie glaubten, er habe Fehler begangen, die Gott nun bestrafe. Dass sie mit diesen Mutmaßungen vollkommen falsch lagen, ist in der Bibel nachdrücklich dokumentiert. Und genauso falsch liegen die Leute auch heute noch, wenn sie derart vorschnelle Erklärungen zum Leid anderer Menschen von sich geben.

Wenn wir uns in einer schweren Lebensphase befinden, dürfen wir uns nicht noch zusätzlich mit falschen Schuldgefühlen beladen. Das ist nutzloser seelischer Ballast, der uns unnötig Kraft raubt. Denn gerade jetzt brauchen wir alle Energie, um den Weg aus der Krise heraus zu bewältigen.

Schicksalsschläge

Die Ursachen und Wege, die zu einer Krisensituation führen, sind so unterschiedlich und zahlreich wie die Menschen, die sie durchleben. Ich erkenne zweierlei Arten von Ursachen. Da sind zum einen die unerwarteten, uns unvorbereitet treffenden *Schicksalsschläge* zu nennen und zum anderen die *vorhersehbaren Krisen*. Mit Letzteren können wir uns bereits im Vorfeld auseinandersetzen. Das ist ein absoluter Vorteil, den wir nutzen sollten.

Beginnen wir mit den *Schicksalsschlägen*. Hier sind die Gründe, die zu einer Krise führen, sowohl für einen selbst, als auch für außenstehende Beobachter offensichtlich. Dafür gibt es unzählige Beispiele:

Da wird ein Mensch plötzlich mit einer schweren Krankheit konfrontiert, die das gesamte Leben auf den Kopf stellt. Oder es steht unerwartet der Tod in der Tür: Man verliert einen geliebten Menschen, und das eigene Leben erscheint plötzlich sinnlos. Oder es passiert ein Unfall, aus dem ein Mensch dauerhaft schwere Schäden davonträgt. Da gibt es den Verlust der wirtschaftlichen Existenz, z.B. durch die Insolvenz eines Unternehmens: Den Mitarbeitern muss gekündigt werden, und der Firmeninhaber versinkt in Schuldenbergen – alle stehen vor einem Scherbenhaufen. Genauso wenn Beziehungen in die Brüche gehen: Die gemeinsamen Lebensträume sind zerplatzt und zurück bleiben Leere und Schmerz. Die Beispiele sind vielfältig.

Schicksalsschläge treffen uns wie der Blitz aus heiterem Himmel. Sie rütteln an den Fundamenten, auf denen wir unser Leben aufgebaut haben. Die bis zu diesem Moment vermeintliche Ordnung gerät aus den Fugen. All unser bis dahin wohlbedachtes und schönes Planen wird hinfällig. Diese Halt- und Orientierungslosigkeit markiert den Beginn des Weges hinein in die Krise.

An diesem Punkt müssen wir sofort reagieren und können nicht lange überlegen. Die uns noch verbliebene Energie dürfen wir nicht auf *Nebenwegen* – wie den falschen Schuldgefühlen – vergeuden. Wir müssen uns auf der *Hauptstraße* bewegen und damit die kürzeste Strecke wählen, um Lösungsmöglichkeiten für unsere problembeladene Situation zu finden.

Ich nenne ein solches Vorgehen in einer bereits eingetretenen Krise das *eingreifende Krisenmanagement*. In Ergänzung dazu gibt es auch das *vorbeugende Krisenmanagement*, wenn die Krise vorhersehbar ist. Das *eingreifende Krisenmanagement* bildet den Schwerpunkt dieses Buches.

Im Kapitel „Problemlösung" und den folgenden finden Sie hierzu viele praktische Tipps. Die dort beschriebenen Gedanken und Verhaltensweisen, haben mir bei der Bewältigung meiner eigenen Krise sehr geholfen und neue Perspektiven aufgezeigt. Sie sind also erfolgreich erprobt und funktionieren hoffentlich auch bei Ihnen.

Krisen	
Unerwartete Schicksalsschläge	**Vorhersehbare Krisen**
z. B. Krankheit, Tod (plötzlich), Unfall ...	z. B. Alter, neue Lebensphasen, Tod (grundsätzlich) ...

Eingreifendes Krisenmanagement	**Vorbeugendes Krisenmanagement**
muss sofort erfolgen	im Vorfeld möglich

Vorhersehbare Krisen

Die vorhersehbaren Krisen müssen uns *nicht* unvorbereitet treffen. Das ist der wesentliche Unterschied zu den Schicksalsschlägen. Sie sind deswegen nicht unbedingt leichter zu durchleben, aber wir können vorab Strategien finden, die uns helfen, besser mit ihnen umzugehen. Durch vorbeugende Maßnahmen lassen sich manche Krisen sogar vermeiden. Ein *vorbeugendes Krisenmanagement* ist zum Beispiel in folgenden Situationen hilfreich:

Jedes *Elternpaar* weiß, dass unter normalen Umständen der Tag kommen wird, an dem die Kinder das gemeinsame Zuhause verlassen werden, um ihre eigenen Wege zu gehen. Man kann diesbezüglich den Kopf in den Sand stecken und abwartend hoffen, dass man diesen notwendigen Trennungsprozess schon irgendwie ohne seelischen Schaden überstehen wird. Man kann aber auch schon *vor* diesem Tag aktiv werden und sich Gedanken darüber machen, wie das eigene Leben danach weitergehen soll. Vielleicht sucht man sich frühzeitig sinnvolle Betätigungsfelder: Hobbys oder Ehrenämter. Vielleicht baut man sich einen neuen Freundeskreis auf oder man pflegt bestehende Freundschaften wieder mehr. Es finden sich bestimmt viele weitere Möglichkeiten, um am

Tage X nicht in das berühmte schwarze Loch zu fallen.

In meiner Arztpraxis begegnen mir auch viele *alte Menschen*, die in der letzten Lebensphase aufgrund von Krankheit oder Gebrechlichkeit ihr bisheriges Leben hinter sich lassen und sich völlig neu orientieren müssen: Oft müssen sie auf ihre alten Tage noch ihre vertraute Umgebung aufgeben und alles zurücklassen, wofür sie ihr Leben lang gearbeitet haben. Häufig sind Depressionen die Folge. Es scheint nichts mehr zu geben, wofür sich ein Weiterleben lohnt. Auch in dieser Situation kann man seine Chancen nutzen. Denn man hat eine unbesiegbare Trumpfkarte auf der Hand, die nur das Alter bietet: die Zeit. Während man in jüngeren Jahren ständig unter Zeitmangel leidet, weil es noch so viel zu tun und aufzubauen gibt, hat man im Alter plötzlich mehr als genug davon. Viele warten einfach auf den Tod. Doch Wartezeit ist geschenkte Zeit. Auch wenn die Möglichkeiten im Alter eingeschränkter sein mögen, es gibt immer noch viele Dinge, in die man diesen Schatz an Zeit investieren kann. So könnte man z.B. ein Buchprojekt starten und alles aufschreiben, was man erlebt hat und was einem wichtig geworden ist. Langeweile wird dann ein Fremdwort sein. Oder man nutzt die eigene Lebenserfahrung, die im Alter oft den besonderen Adel der Weisheit erreicht, und setzt sich beratend für Menschen in schwierigen Situationen ein. Oder man nutzt die Zeit, um noch einmal neu – oder vielleicht zum ersten Mal? – über den Glauben und über Gott nachzudenken. Denn der Blick auf Gott öffnet die Perspektive auf eine Welt, die auch nach diesem irdischen Leben noch Wert und Bestand hat. Durch ein aktives Gebetsleben kann man intensiv in ganz neue Dimensionen unseres Daseins vorstoßen und große Dinge bewegen, auch wenn die körperlichen Kräfte schwinden.

Ein Beispiel:
Die Krise in der Mitte des Lebens

Auch die Krise in der Mitte des Lebens, die *Midlife Crisis,* zählt zu den vorhersehbaren Krisen. Viele Menschen sind von ihr betroffen und haben in dieser sehr speziellen mittleren Lebensphase mit sich und den Umständen zu kämpfen. Im Gegensatz zu den vorangegangenen Beispielen, fehlt in der Midlife Crisis jedoch der *eine offensichtliche und für jeden erkennbare Grund* für die neue Lebensentwicklung. Es handelt sich hierbei um ein sehr komplexes Geschehen, das durch viele verschiedene Faktoren ausgelöst wird. Es vergeht häufig ein längerer Zeitraum, bevor bei den Betroffenen die äußere Fassade in sich zusammenbricht. Die Krise tritt selbst dann ein, wenn äußerlich alles geordnet und problemlos erscheint.

Das ist der Grund, warum die Menschen in der Umgebung häufig verständnislos reagieren, was den Betroffenen die Suche nach Hilfe zusätzlich erschwert. Ich möchte Ihnen von einem Menschen erzählen, dem dies genauso widerfahren ist.

Als dieser Mann in meine Sprechstunde kommt, ist er Anfang fünfzig. Noch bis vor wenigen Monaten verlief sein Leben glatt und reibungslos. Angefangen von der Zeit im Elternhaus, über das

Erwachsenwerden, die Berufsausbildung, die Partnerwahl, die eigenen Kindern und die Gesundheit scheint alles perfekt zu sein. „Was dieser Mann anpackt, das gelingt ihm", so denke ich, während er erzählt. Ein fehlerloser Lebenslauf, eine Bilderbuchkarriere und materieller Reichtum sind die sichtbaren Zeichen seines Erfolges. Ich frage mich, aus welchem Grund er zu mir kommt. Warum benötigt er ärztliche Hilfe? Gespannt lehne ich mich im Sessel zurück und folge seiner „Geschichte."

Mein Gesprächspartner ist sich durchaus bewusst, dass er in seinem Leben bisher „Glück" gehabt hat und eigentlich vollkommen zufrieden sein könnte. Und er hat vorgesorgt, damit das auch so bleibt. Alles Menschenmögliche hat er unternommen und nennt ein umfangreiches Versicherungspaket sein Eigen. Mit einem gewissen Stolz berichtet er, für alle erdenklichen Problemfälle eine Police zu besitzen: für das Leben an sich, die Rente, die Gesundheit, die Pflege im Alter, die Ausbildung der Kinder, gegen eine mögliche Berufsunfähigkeit und so weiter, und so weiter. In einem scheinbar lückenlosen Sicherheitssystem ist die noch anzunehmende *„Restlebenszeit"* perfekt verplant. Der Mann weiß nicht, was er *noch* tun soll, damit er in seinem Leben Halt und Sicherheit bekommt. Er möchte angstfrei und zufrieden leben. Nur das gelingt ihm leider im Moment nicht.

Das Gegenteil ist der Fall: Seit Monaten geht es ihm zunehmend schlechter. Das kann er nicht verstehen und er ist sehr verunsichert. Er weiß nicht, wie er seine alte Kraft, seine Stärke und Vitalität wieder zurückbekommen kann. Vor Kurzem hat er sich auch bei verschiedenen Ärzten gründlich durchchecken lassen – aber keiner hat eine körperliche Erkrankung finden können. Eigentlich ist er gesund. „Das passt alles nicht zusammen!", so sein Fazit.

Ich fordere ihn auf, doch einmal zu beschreiben, was er denn genau mit den Worten „Mir geht es zunehmend schlechter!" meint. Nach einigem Überlegen sprudelt es aus ihm heraus. Sehr emotional berichtet er von einem allgemeinen Unwohlsein, einer schwelenden und bisher nicht gekannten, unerklärbaren und diffusen Angst. Je lauter diese Angst in ihm schreit, desto leiser gibt er sich nach außen. Er kapselt sich immer mehr von seiner Umwelt ab. Das Leben läuft nicht mehr in der gewohnter Weise rund. Es hakt im Getriebe. Alles wächst ihm über den Kopf. Routinierte Arbeitsabläufe gehen plötzlich unerklärbar schwer von der Hand. Bisher klare Wege verschwinden im Dickicht dieser neuen Probleme.

Der sonst so ausgeglichene Gemütszustand des Mannes ist gestört. Er grübelt ständig. An Tagen, die eigentlich der Erholung dienen sollen, den positiven Erlebnissen und dem guten familiären Miteinander, ist er gestresst, wirkt genervt und passiv. Er versagt mittlerweile sogar bei dem Versuch sich auszuruhen. Die anfängliche Ahnung, seine Arbeit nicht mehr erledigen zu können, ist zu einer bohrenden Gewissheit geworden.

Er fühlt sich überfordert und wird zur Belastung für die ganze Familie. An seiner undurchdringbaren Negativaura zerplatzen sämtliche Bemühungen der Umgebung Licht in sein Dunkel zu bringen, wie Seifenblasen an einer Dornenhecke. Seine negativen Gefühle und Selbstzweifel legen sich wie Mehltau auf die Menschen, denen er doch eigentlich nur Gutes zukommen lassen möchte. Ihn quält ein rätselhafter emotionaler Zustand der inneren Leere, der im Widerspruch zu all dem ihn umgebenden materiellen Reichtum steht.

Diese Leere füllt sich in fataler Weise mit angstvollen und depressiven Gedanken, die seine Handlungsfähigkeit lähmen. Und dann sind da noch die körperlichen Symptome wie Schwindelattacken, Rücken- und Kopfschmerzen, die scheinbar keine medizinisch erklärbaren Ursachen haben, die ihm aber den letzten Rest seiner Lebensenergie rauben. Sie zwingen ihn innezuhalten und auszuruhen. Die Schmerzen hindern ihn daran, weiter im „Hamsterrad" zu laufen. Er muss jetzt einfach vorübergehend aussteigen. Der eigene Körper schickt ihn in eine Zwangspause. Er hat keine andere Wahl.

Plötzlich stockt sein Redefluss. Erschöpft sinkt mein Gesprächspartner im Sessel zusammen. Der erfolgsverwöhnte Businessman ist den Tränen nahe. Er wirkt müde, aber auch erleichtert. Der erste Schritt heraus aus der Dunkelheit ist getan. Er hat sich geöffnet und einem anderen Menschen von den Dingen erzählt, die ihn so sehr belasten.

Es stellt sich mir ein sehr komplexes Problem dar. Eine Mischung aus Burn-out und Depression.[4] Bis zur Genesung werden wir einen längeren Zeitraum und ein Therapeutenteam aus unterschiedlichen Fachrichtungen benötigen. Dieses Team zusammenzustellen und zu koordinieren ist ab jetzt meine hausärztliche Aufgabe. Ich weiß aus Erfahrung, dass es für diese Krisensituation eine Lösung gibt. Und genau diese Zuversicht vermittle ich meinem Gegenüber am Ende der ersten Begegnung. Dieser sieht das naturgemäß – mitten

---

[4] Weiterführende und praxisnahe Informationen zu den Themen innere Erschöpfung und Angst in Band II dieser Buchreihe. Christoph Glumm: Signale der Seele verstehen. (Reihe Stark werden). Wesel: Kawohl 2012.

in der Krise steckend – nicht so positiv, lässt sich aber trotzdem darauf ein, diesen Weg mit mir gemeinsam zu beginnen.

Eine wichtige Frage wird bei einer der nächsten Treffen noch zu klären sein. Mich interessiert sehr, ob dieser Mann eine Perspektive hat, die über dieses irdische Leben hinausreicht. Mit anderen Worten, ob in seinem Denken die Existenz Gottes einen Platz hat? Das ist aus meiner Sicht eine sehr wichtige und grundlegende Frage. Wenn er diese mit Ja beantwortet kann, wird vieles einfacher für den weiteren Verlauf. Denn: Wenn Gott und das Vertrauen in seine Handlungsfähigkeit die innere Leere ausfüllen, dann muss die Angst weichen. Wenn die „Restlebenszeit" in die unendliche Dimension eines Lebens nach dieser Erdenzeit verlängert werden kann, dann haben Depressionen keine Chance mehr. Damit enden auch die krampfhaften Versuche, jede Sekunde dieses „Restlebens" zwanghaft auskosten zu müssen und die krafttraubenden Ängste etwas zu verpassen. Der Glaube an Gott gibt Ruhe und Gelassenheit und eine innere Stärke in dem Wissen, mit seiner Hilfe die Probleme im Leben erfolgreich lösen zu können.

Der Begriff *Midlife Crisis* wurde erstmals 1974 von der amerikanischen Autorin Gail Sheehy in rauben. Sie zwingen ihn innezuhalten und auszuruhen. Die Schmerzen hindern ihn daran, weiter im „Hamsterrad" zu laufen. Er muss jetzt einfach vorübergehend aussteigen. Der eigene Körper schickt ihn in eine Zwangspause. Er hat keine andere Wahl.

Plötzlich stockt sein Redefluss. Erschöpft sinkt mein Gesprächspartner im Sessel zusammen. Der erfolgsverwöhnte Businessman ist den Tränen nahe. Er wirkt müde, aber auch erleichtert. Der erste Schritt heraus aus der Dunkelheit ist getan. Er hat sich geöffnet und einem anderen Menschen von den Dingen erzählt, die ihn so sehr belasten.

Es stellt sich mir ein sehr komplexes Problem dar. Eine Mischung aus Burn-out und Depression.[4] Bis zur Genesung werden wir einen längeren Zeitraum und ein Therapeutenteam aus unterschiedlichen Fachrichtungen benötigen. Dieses Team zusammenzustellen und zu koordinieren ist ab jetzt meine hausärztliche Aufgabe. Ich weiß aus Erfahrung, dass es für diese Krisensituation eine Lösung gibt. Und genau diese Zuversicht vermittle ich meinem Gegenüber am Ende der ersten Begegnung. Dieser sieht das naturgemäß – mitten

---

[4] Weiterführende und praxisnahe Informationen zu den Themen innere Erschöpfung und Angst in Band II dieser Buchreihe. Christoph Glumm: Signale der Seele verstehen. (Reihe Stark werden). Wesel: Kawohl 2012.

in der Krise steckend – nicht so positiv, lässt sich aber trotzdem darauf ein, diesen Weg mit mir gemeinsam zu beginnen.

Eine wichtige Frage wird bei einer der nächsten Treffen noch zu klären sein. Mich interessiert sehr, ob dieser Mann eine Perspektive hat, die über dieses irdische Leben hinausreicht. Mit anderen Worten, ob in seinem Denken die Existenz Gottes einen Platz hat? Das ist aus meiner Sicht eine sehr wichtige und grundlegende Frage. Wenn er diese mit Ja beantwortet kann, wird vieles einfacher für den weiteren Verlauf. Denn: Wenn Gott und das Vertrauen in seine Handlungsfähigkeit die innere Leere ausfüllen, dann muss die Angst weichen. Wenn die „Restlebenszeit" in die unendliche Dimension eines Lebens nach dieser Erdenzeit verlängert werden kann, dann haben Depressionen keine Chance mehr. Damit enden auch die krampfhaften Versuche, jede Sekunde dieses „Restlebens" zwanghaft auskosten zu müssen und die kraftraubenden Ängste etwas zu verpassen. Der Glaube an Gott gibt Ruhe und Gelassenheit und eine innere Stärke in dem Wissen, mit seiner Hilfe die Probleme im Leben erfolgreich lösen zu können.

Der Begriff *Midlife Crisis* wurde erstmals 1974 von der amerikanischen Autorin Gail Sheehy in ihrem Buch „In der Mitte des Lebens" verwendet. Denn genau hier, in der *Mitte des Lebens*, treffen häufig mehrere Lebensereignisse zusammen, die jedes für sich alleine betrachtet durchaus zu bewältigen sind, die sich aber in der Summe plötzlich als unüberwindbares Hindernis darstellen.

Neben einer starken beruflichen Einbindung, bemerkt man beispielsweise eine abnehmende körperliche und geistige Leistungsfähigkeit. Die Kinder müssen auf den richtigen Weg gebracht werden. Dabei kommt es zu sich ständig wiederholenden Reibereien mit den „lieben Kleinen", die natürlich im Rahmen einer gesunden und normalen Persönlichkeitsentwicklung ihre Entscheidungen teilweise lautstark verteidigen und ihren Willen durchsetzen wollen. In der Partnerschaft kann es zu allem Überfluss auch noch „brodeln". Unliebsame Gewohnheiten halten Einzug und „Abnutzungserscheinungen" innerhalb der Beziehung bahnen sich ihren Weg heraus aus einem bisher nicht beachteten Nischendasein, geradewegs auf die große Bühne des Bewusstseins. Dort angekommen verursachen sie Unzufriedenheit, führen zu Streit und unliebsamen gegenseitigen Anschuldigungen.

Die Mitte des Lebens ist auch eine Art TÜV für die noch nicht erreichten Lebensziele. Möglicherweise werden einige der „Lieblingsziele" einer kritischen

Reflektion nicht standhalten können. Dann muss man sie aufgeben. Das ist oftmals bitter und kann sogar als ein herber Rückschlag empfunden werden, unter dem das Selbstbewusstsein stark leidet. Häufig ist zudem gerade die Mitte des Lebens eine Zäsur, an der wir uns bewusst werden, wie sich auf einmal die rein rechnerisch noch zu erwartende Lebenszeit in Relation zur bereits verlebten Zeit als deutlich kürzer darstellt. So kommt eins zum anderen und ehe man sich versieht ist man nicht nur in der Lebensmitte, sondern auch mitten in der Krise angekommen.

Wenn es im Vorfeld gelingt, die zur Midlife Crisis führenden Mechanismen und Fallstricke zu erkennen, stehen die Chancen gut, dass viele der möglichen Probleme des „mittleren Lebensweges" bereits im Keim erstickt werden. So kann aus der Midlife *Krise* eine positive und vielleicht sogar belebende Midlife *Brise*[5] werden.

Es lohnt sich, darüber nachzudenken, mit anderen Menschen zu sprechen und – wenn man nicht weiter kommt – auch professionelle Hilfe in Anspruch zu nehmen. Hier kann der Hausarzt zur ersten Anlaufstelle werden.

---

5 Antje Rösener/Hansjörg Federmann: Die Midlife-Brise. Frische Gedanken für die Lebensmitte. Asslar: adeo, 2011.

Die garantierte Krise: Sterben & Tod

Wir sehen: Das *vorbeugende Krisenmanagement* ist sinnvoll! Besonders bei Situationen und Lebensumständen, mit denen wir ziemlich sicher in der Zukunft konfrontiert werden. Hierfür ist der Tod das Paradebeispiel schlechthin. Er ist *die* vorhersehbare Krise bzw. der unausweichliche Wendepunkt überhaupt. Mit einer Eintrittswahrscheinlichkeit von 100% ist er ohne Ausnahme die einzige wirkliche Gewissheit im Leben!

Jeder Mensch muss sich irgendwann mit diesem Thema auseinandersetzen – nur, dass machen die wenigsten im Voraus. Ein wirklich schwer nachvollziehbares Phänomen. Das Sterben und der Tod werden komplett aus dem eigenen Denken und aus dem gesellschaftlichen Leben verbannt. Man schiebt sie ab in professionelle Einrichtungen wie Krankenhäuser und Altenheime. Nach dem Motto „Aus den Augen, aus dem Sinn" lebt man, als sei die Zeit auf der Erde unbegrenzt.

Diese Einstellung begegnet mir häufig auch in Gesprächen mit meinen Patienten. Selbst dann, wenn diese Menschen ein sehr hohes Alter erreicht haben oder wenn eine bösartige Erkrankung sich bereits im letzten Stadium befindet und mit Sicherheit nur noch kurze Zeit auf diesem Planeten zur Verfügung steht. Das Thema Tod bleibt in den meisten Fällen ein Tabu. Die Verdrängungsprozesse funktionieren tadellos.

Wenn unsere Gesellschaft den Tod doch einmal thematisiert, dann stehen die technischen und materiellen Probleme, sowie die Zeit- und Kostenfaktoren in der medizinischen Betreuung im Vordergrund. Diese wirtschaftlichen Faktoren sind mittlerweile so bestimmend, dass sie neue Erkenntnisse im Bereich der Sterbeforschung und der Psychologie, genauso wie die alten Menschheitsfragen nach dem „Woher komme ich?" und „Wohin gehe ich?" in den Hintergrund treten lassen und sogar komplett verdrängen.

Das ist eine Besonderheit unserer Zeit! Vielleicht deswegen, weil bei vielen Menschen der Glaube an Gott keine Rolle mehr spielt. Da ist nichts mehr, was Halt gibt und Mut macht, sich überhaupt mit diesem Thema auseinanderzusetzen. Wir sind auf das irdische *Diesseits* fixiert. Um überhaupt lebensfähig zu sein, müssen wir notgedrungen alles verdrängen, was uns an die eigene Endlichkeit erinnert. Dieser Umgang mit dem Tod ist nicht gut für das Leben.

Wenn es gelingt, die Gedanken an das eigene Ende zuzulassen und damit den religiösen und spirituellen Fragen wieder einen Raum der Entfaltung zu geben, dann wird das nicht nur im eigenen Sterben, sondern bereits im ganzen Leben davor eine Hilfe sein.

In diesem Zusammenhang möchte ich von einem Vortrag berichten, der sich mit der Frage beschäftigte *„Sterben gläubige Menschen leichter?"*.[6] Die darin zitierten Untersuchungen kamen zusammenfassend und *übereinstimmend* zu folgenden Ergebnissen:

1. Sowohl „gläubige" als auch „nicht gläubige" an Krebs erkrankte Patienten, die sich mit der Todesthematik *erst im Sterben auseinandersetzten*, zeigten in gleicher Weise große Furcht vor dem Tod.

2. Geringere Furcht vor dem Tod und vor der Endlichkeit des Lebens fand sich bei den Patienten, die ihren Glauben im Alltagsleben *bereits vorher praktizierten* und die sich schon als gesunde Menschen im Rahmen ihrer Religion mit dem Thema Tod *(vorbeugend) beschäftigt* hatten.

---

6 Vortrag des Medizinprofessors und Ethikers Linus S. Geisler auf einem Hospiztag 2009 in Solingen. Die Grundlage seiner Ausführungen bildeten zahlreiche wissenschaftliche Untersuchungen aus Krebskliniken und Hopitz-Einrichtungen.

3. Lediglich für diese „*aktiven Gläubigen*" stellte ihr Glaube eine sehr gute Bewältigungsstrategie dar, um ihre Furcht vor dem Tod zu reduzieren.

Die Kernaussagen dieser Untersuchungen entsprechen auch meinen Erfahrungen als Arzt im Umgang mit sterbenden Patienten. Dass diese Einsichten nun auch wissenschaftlich untermauert werden, freut mich als Christ in besonderer Weise. Sie bestätigen damit die eigenen Beobachtungen und meine Hoffnung, dass der Glaube gerade an diesem sehr entscheidenden Wendepunkt Kraft gibt. Das ist eine wirkliche Beruhigung. Es ist schön zu wissen, dass Gott uns an diesem wichtigen und oftmals leidvollen Schlusspunkt des Lebens begleitet. Er lässt uns auch dort nicht alleine!

Sicherlich könnte ich die Liste der vorhersehbaren Krisensituationen um viele weitere Beispiele ergänzen. Die Variationsbreite scheint unendlich, denn jedes Menschenleben ist einzigartig und keines wiederholt sich. Damit ist auch die Anzahl der individuellen Krisen und Lösungsmöglichkeiten unermesslich groß.

Wenn Sie möchten, nehmen sie sich doch an dieser Stelle des Buches die Zeit, um über die bei

Ihnen in absehbarer Zukunft zu erwartenden Wendepunkte im Leben einmal nachzudenken.

Welche Probleme könnten hierbei entstehen?

Wie sieht Ihr persönliches
vorbeugendes Krisenmanagement aus?

Teil 2:

Die Phasen der Krisenbewältigung

Eine der eigentlichen Krise – also dem Wendepunkt – vorausgehende schwere Lebensphase kann sich über einen langen Zeitraum hinziehen. Manchmal dauert sie sogar mehrere Jahre bis eine Lösung in Sicht ist. Es ist schwer, dabei nicht die Geduld und das Durchhaltevermögen zu verlieren. Beides fehlt uns häufig in einer Krisensituation. Wir wollen so schnell wie möglich das Ende unserer Probleme. Wir wollen, dass es zügig weitergeht und dass sich die verfahrene Situation mit ihrer scheinbaren Ausweglosigkeit endlich löst.

Bei einschneidenden Lebenserfahrungen durchlaufen wir Menschen in der Regel *vier Phasen der Krisenbewältigung* (siehe Schaukasten S. 49). Diese sind in Dauer und Ausprägung nicht stereotyp bei jedem Menschen gleich. Auch muss der zeitliche Ablauf nicht immer dem hier vorgestellten *Modell* entsprechen. Dennoch finden sich Parallelen zwischen dem individuellen Erleben und den im Folgenden beschriebenen Phasen.[7]

---

7 Das Modell lehnt sich an die von der Schweizer Psychologin und Psychotherapeutin Verena Kast in den achtziger Jahren beschriebenen Phasen der Trauerbewältigung an. vgl. Verena Kast: Trauern: Phasen

Das hat sich für mich nicht nur in meiner eigenen Krise bestätigt, sondern auch durch viele Begegnungen mit betroffenen Menschen in meinem Praxisalltag.

Als mir klar wurde, dass es solche Phasen der Krisenbewältigung tatsächlich gibt, war mir das bereits eine große Hilfe. Zum einen bringt diese Erkenntnis eine gewisse Struktur in die scheinbare Strukturlosigkeit einer Krise. Das Unfassbare wird fassbarer. Die Krise verliert plötzlich etwas von ihrer übermächtigen und unüberschaubaren Größe. Das Ohnmachtsgefühl, nichts unternehmen zu können, wird kleiner. Im Chaos der Gefühle und Ängste gelingt es nun, den eigenen Standort im Geschehen zu bestimmen. Ich beginne mich zu

---

und Chancen des psychischen Prozesses. 13. Aufl. Stuttgart: Kreuz 1982. sowie ders.: Der schöpferische Sprung: vom therapeutischen Umgang mit Krisen. Düsseldorf: Patmos 2008.

Mitte der sechziger Jahres stellte der Psychiater Gerald Caplan sein Krisenmodell vor (vgl. Gerald Caplan: Principles of preventive psychiatry.New York: Basic Books, 1964.). In der Folge wurden zahlreiche psychologische Modelle der Krisenbewältigung veröffentlicht. Alle Autoren beschreiben darin mehrere Phasen, die man zu durchlaufen hat. Interessant sind auch die Arbeiten von Elisabeth Kübler-Ross. Sie begründete in den 1970er Jahren die Sterbeforschung. Die von ihr beschriebenen „fünf Phasen des Sterbens" sind seit Jahrzehnten in Fachkreisen anerkannt. vgl. Elisabeth Kübler-Ross: Interviews mit Sterbenden. München: Droemer Knaur, 2001. sowie ders.: Verstehen was Sterbende sagen wollen. Einführung in ihre symbolische Sprache. München: Droemer Knaur, 2000.

Die vier Phasen der Krisenbewältigung

1. Verleugnung
„Das kann nicht wahr sein."

2. Wut und Anklage
„Warum passiert mir das?"

3. Problemlösung
„Wie kann ich die Krise überwinden?"

4. Neue Perspektive
„Ich sehe mein Leben heute anders."

orientieren, bekomme einen Überblick und kann Kräfte mobilisieren, um wieder aktiv zu werden. Zum anderen gibt mir das Modell die Gewissheit, dass es weitergeht. Ich werde nicht an einem Punkt stehen bleiben. Wenn mehrere Phasen in der Krisenbewältigung existieren, dann werde auch ich die nächste Phase erreichen. In meiner scheinbar ausweglosen Situation befinde ich mich demnach nicht in einer Sackgasse.

Und schließlich zeigt mir das Modell, dass bereits viele Menschen vor mir ähnlich schwierige Situationen meistern konnten. Und wenn andere es geschafft haben, dann wird es auch mir gelingen.

Erste Phase: Verleugnung

Die *erste Phase* der Krisenbewältigung ist geprägt durch die *Verleugnung*. Dieser Begriff stammt aus der Psychoanalyse.[8] Die Verleugnung ist eine von vielen *Abwehrmechanismen*, bei denen es sich um meist unbewusst ablaufende psychische Vorgänge handelt. Mit ihnen werden Konflikte bewältigt, um einen dauerhaften seelischen Schaden abzuwenden. Im Gegensatz zur Verdrängung, die ein inneres oder seelisches Problem abwehrt, verleugnet man einen Teil der umgebenden *äußeren Wirklichkeit*.

Wir wollen das Ganze nicht wahrhaben und wehren uns gegen die drohende Veränderung. Alles soll doch bitte so weitergehen wie immer. Wir wollen nichts Unbekanntes und nichts Unvorhersehbares. Wir versuchen uns selber zu beruhigen, indem wir eine Verwechslung oder einen Irrtum vermuten. „Irgendeiner hat bestimmt einen Fehler gemacht oder die Lage falsch eingeschätzt!", so argumentieren wir.

Instinktiv spüren wir aber auch, dass eine große Umwälzung unseres Lebens bevorsteht – wir sind

---

[8] Wolfgang Mertens: Psychoanalyse. Geschichte und Methoden. München: C.H. Beck, 2004.

geschockt. Solange wie möglich verschließen wir die Augen und tun so, als sei nichts passiert. Damit verleugnen wir die Realität.

Doch die veränderten Umstände geben keine Ruhe. Ständig umgeben sie uns, und alle Ablenkungsmanöver laufen ins Leere. Die schwierige Situation wird zu einem Teil unseres Lebens, den wir irgendwann nicht mehr verleugnen können. Schließlich müssen wir sie als Tatsache akzeptieren.

Wir verlassen notgedrungen die Phase des *„Nicht-wahr-haben-Wollens"* und stellen uns der Situation.

Zweite Phase: Wut & Anklage

In einer *zweiten Phase* fühlen wir uns machtlos. Längst haben wir erkannt, dass die bisher erfolgreichen Abwehrmaßnahmen auf unfruchtbaren Boden fallen und ohne Wirkung verpuffen. Wir empfinden unsere neue Situation als äußerst ungerecht und entwickeln eine bohrende, häufig auch ungerechtfertigte Wut auf alles und jeden. Wir suchen einen, dem wir die Schuld in die Schuhe schieben können. Wir klagen an. Wenn wir an Gott glauben, schimpfen wir mit ihm und schreien ihn an. Unser Bild von Gott bekommt erste Risse. Denn das was gerade passiert, passt nicht zu unserer Vorstellung vom „liebenden Vater," der Schutz und Halt gibt und der nur Gutes für uns bereithält.

Die Sicherheiten, von denen wir dachten, sie würden uns in schweren Lebensphasen helfen, versagen ihren Dienst. Während meiner Krisenzeit geriet in dieser zweiten Phase mein Glaube an Gott heftig ins Wanken. Er schien wie eine Sandburg in der Brandung auseinander zu fallen. Ich hatte den Eindruck, dass sich die Grundlage meines Lebens zunehmend in Luft auflöste. Und das, obwohl ich geglaubt hatte, mein Leben sei auf einem Fels und nicht auf Sand gebaut.

Viele Menschen erleben in einer Krise, wie der Grund ihres Lebens untergraben und weggespült wird: Da ist z.B. der Mensch, der seine Sicherheit im beruflichen Erfolg sucht. Wenn dieser dann plötzlich ausbleibt, schwindet häufig auch die Anerkennung durch andere und damit das Selbstwertgefühl. Was trägt dann noch? Wieder ein anderer sucht die vermeintliche Sicherheit im Geld. Das schmilzt dann in einer Bankenkrise, durch Inflation oder Aktiencrash dahin wie Schnee in der Frühlingssonne und man steht vor dem Nichts. Der nächste sucht seine Sicherheit in der Geborgenheit eines intakten Familienlebens. Der Traum zerplatzt wie eine Seifenblase, wenn der Partner sein Glück in einer neuen Beziehung sucht.

Egal um welche Sicherheiten es sich im Einzelnen handelt, sobald an ihnen gerüttelt wird, bekommt die Krise neue Nahrung und schreitet voran. Das verzweifelte Bemühen, den Sinn hinter der neuen, scheinbar so sinnlosen Lebensentwicklung zu erkennen, bleibt erfolglos. Was bleibt sind Hoffnungslosigkeit und Selbstzweifel. Existentielle Ängste steigen aus der Tiefe der Seele an die Oberfläche des Bewusstseins.

Unser Verhalten in dieser Lebensphase ist sehr wichtig und entscheidend: Wir können in unseren Anklagen, in Hoffnungslosigkeit, Angst, Selbstzweifeln und Wut hängen bleiben. Dadurch verbauen wir uns aber jeglichen Blick für eine neue Lebensperspektive. Die Folgen sind sehr schädlich für den Körper und für unsere Seele.

Wenn wir in einer der ersten beiden Phasen stehen bleiben, entwickelt sich häufig eine Depression. In dem Bemühen, die Probleme irgendwie zu verdrängen, ist die Gefahr einer Suchtentwicklung sehr groß. Häufig erobern auch psychosomatische Symptome wie Schlafstörungen, Unruhe, Herz-Kreislauf- und Magen-Darmprobleme oder chronische Kopf- und Rückenschmerzen unseren Alltag. All das sind mögliche Folgen von ungelösten Problemen bzw. von einem negativen Umgang mit der Krise. Wer hier feststeckt, braucht ganz dringend Hilfe, um den Weg in die nächste Phase finden zu können.

Ganz persönlich

In der zweiten Phase der Krisenbewältigung ist er meist da – der gefürchtete, gefährliche und kraftzehrende *Tiefpunkt*. Wir befinden uns als Betroffene in einer Phase, in der alle verletzten Gefühle aus uns herausbrechen.

So war es auch bei mir und meiner Familie in unserer schweren Zeit. Die erste Phase der *Verleugnung* mussten meine Frau und ich damals schnell hinter uns lassen. Die erdrückenden medizinischen Untersuchungsergebnisse sprachen eine viel zu deutliche und nicht zu verleugnende Sprache. Wir waren ohne Umweg in der Realität angekommen.

Meine Anklagen gegen Gott wuchsen im Angesicht des schrecklichen Befundes ins Unermessliche. All die existentiellen Fragen von Menschen in tiefen Lebenskrisen habe ich damals durchlebt. In dieser Phase entstand das folgende Lied.

Am Tiefpunkt

Was willst Du mich lehren
auf diesem Weg, den ich geh?
Zweifel, Krisen, Fragen,
weil ich Dein Handeln nicht versteh.
Kann nicht beten, fang an zu klagen
und fühl mich dabei so allein.
Fang an zu fluchen, Dich zu hassen,
darf das denn sein?
Wohin willst Du mich nur führen,
zeig mir endlich mal ein Licht
in diesem Dunkel,
denn ohne Hoffnung geht es nicht.

Bitte lass mich nicht alleine,
denn auf wen soll ich sonst noch baun?
All die Menschen, sie sind ratlos,
auf wessen Hilfe kann ich denn vertraun?
Halt mich fest, lass mich nicht fallen,
trag mich durch diese schwere Zeit.
Ich brauche Dein reales Handeln, es ist so weit.

Man sagt Du forderst nur so viel,
wie man auch tragen kann.
Ich sage Dir, es ist so weit,
an diesem Punkt komm ich jetzt an.
Diesen Wechsel zwischen Hoffnung
und tiefer Angst
halt ich nicht mehr aus.
Ich sehe keine Hilfe, keinen Weg hinaus.
Warum hast Du mich verlassen?
Zeig mir, dass es Dich noch gibt.
Bist Du noch der, an den ich glaubte
und der mich liebt?

Bitte lass mich nicht alleine,
denn auf wen soll ich sonst noch baun?
All die Menschen, sie sind ratlos,
auf wessen Hilfe kann ich denn vertraun?
Halt mich fest, lass mich nicht fallen,
trag mich durch diese schwere Zeit.
Ich brauche Dein reales Handeln, es ist so weit.

Dritte Phase: Problemlösung

Hierbei handelt es sich um die sehr wichtige *dritte Phase der Krisenbewältigung*. In ihr beginnen wir allmählich, nach echten Lösungsmöglichkeiten Ausschau zu halten. In dieser *dritten Phase* haben wir endlich begriffen, dass *in jeder Krise eine Chance steckt,* und können diese Erkenntnis zu einem Teil unseres Lebens machen. Wir lösen uns aus der Gleichgültigkeit, befreien uns von der lähmenden Angst und lernen zu verstehen, dass unsere Grenzen noch nicht erreicht sind.

Ich möchte Ihnen *fünf praktische Tipps* geben bzw. Verhaltensweisen und Gedanken nennen, die mir in meiner eigenen Krisenzeit geholfen haben. Vielleicht kann das eine oder andere auch für Sie nützlich sein.

Tipp 1:
Beginnen Sie damit,
Ihr Denken zu kontrollieren.
Verinnerlichen Sie den folgenden Satz:
Positive Gedanken und Gefühle
sind außerordentlich hilfreich
für die Bewältigung des Alltags,
gerade in einer Krise.

Das ist immens wichtig und die Grundlage für alle weiteren Veränderungen. Geben Sie den negativen Gedanken keinen Raum. Denn, je schlimmer wir eine Krise bewerten und je weniger wir an deren Überwindung glauben, desto größer wird unsere Verzweiflung. Gedanken wie „Da komme ich nie mehr raus" oder „Das kann ich nicht aushalten, das Leben ist zu Ende" werden sich zu regelrechten Glaubenssätzen entwickeln, die uns sämtliche Kraft und auch das letzte bisschen Mut rauben. Sie erhöhen den inneren Druck, führen zu Stress und Verspannungen, unterdrücken das Leben und blockieren Energien.

Denken Sie stattdessen positiv! Erinnern Sie sich an Situationen im Leben, die Sie bereits erfolgreich gemeistert haben. Diese Kräfte stecken noch in Ihnen und können aktiviert werden. Machen Sie sich *hoffnungsvolle Gedanken,* z.B.: „Ich habe bisher immer eine Lösung gefunden. Es ging immer weiter. Wenn sich eine Tür schließt, öffnet sich eine andere. Gott wird mich tragen." Solche Gedanken geben Kraft und helfen, das innere Gleichgewicht wiederzufinden.

Nicht alleine die so genannte *Wirklichkeit* beeinflusst uns, sondern in einem hohen Maß auch unsere *Gedanken* und *Glaubenssätze*. Sie werden zu unserer Realität und dadurch zum erlebten Alltag!

Beginnen wir beispielsweise morgens mit negativen Gedanken, unter Zeitdruck, mit Ängsten und schlecht gelaunt, zieht sich diese Grundstimmung durch den ganzen Tag. Gespräche bekommen einen aggressiven Grundton, Konflikte bestimmen unsere Begegnungen mit Menschen und die Umwelt erscheint feindselig. Jeder will etwas von uns – und zwar immer nur das Schlechte –, so meinen wir. Das stimmt natürlich nicht, aber wir nehmen es entsprechend unserer Einstellung so wahr. Die negativen Gedanken werden zu unserer erlebten Realität.

Das genaue Gegenteil passiert, wenn eine positive Grundstimmung den Tag bestimmt. Um das zu erreichen, helfen *Rituale*, die man in den Tagesablauf integriert. Man kann sich feste Zeiten der Ruhe schaffen, dort die Seele öffnen und ein Gebet sprechen. So entstehen Oasen in der hektischen „Wüste des Alltages", in denen wir neue Kraft tanken und die Gedanken wieder auf das Wesentliche richten. Hierfür bietet sich der Morgen an, bevor wir in den Tag starten oder die Zeit während der Fahrt zur Arbeit alleine im Auto oder der Abend, um die vergangenen Stunden zu überdenken, mit sich selbst und den Mitmenschen Frieden zu schließen, um dann in einen ruhigen Schlaf hinüberzugleiten.

Wenn wir uns *innerlich umpolen*, können selbst scheinbar unnütze und lästige Vorkommnisse des Tages plötzlich zu kleinen „Krafttankstellen" werden. An einer langen roten Ampelphase vor der Baustelle kann ich mich aufregen, ärgern und über die verlorene Zeit schimpfen oder mich über die mir unverhofft geschenkten Minuten freuen, dabei ein schönes Musikstück von der CD im Auto genießen, ruhig werden, mein Bewusstsein auf die in mir frei fließenden Gedanken richten, ein Gebet für mich oder einen anderen Menschen in den Himmel schicken und danach mit einem angenehmen, positiv gestimmten Gefühl, meinen Weg weiterziehen. Das zeigt, es kommt viel auf uns selbst und auf unsere Gedanken an, wie wir den Tag erleben.

Wenn diese Erfahrung bereits in *Nicht-Krisen-Zeiten* gilt, bewahrheitet sie sich in noch größerem Maß in einer Krise. So habe ich es erlebt.

Wir sollten uns die Wirkung der Gedanken bewusstmachen. Wir können diese Erkenntnis dann positiv für unser Leben nutzen, indem wir *bewusst* auf unsere Gedanken, Gefühle und Befindlichkeiten achten, diese erkennen und entsprechende Änderungen im Alltag folgen lassen. Die Kraft des Geistes ist stark und hat Auswirkungen auf die materielle Umwelt im positiven und auch negativen Sinn. Es wäre grundlegend falsch, in eine Art Fatalismus zu verfallen, nach dem Motto: „Ich kann sowieso nichts an meinem Leben ändern. Offensichtlich werde ich von irgendwelchen mir in die Wiege gelegten Grundmustern bestimmt, an denen ich nichts ändern kann und bin ein Spielball des Schicksals." Das genaue Gegenteil ist der Fall!

Ein amerikanischer Wissenschaftler hat unser Gehirn und unser Leben einmal mit einem Computer verglichen: Was ein Bildschirm zeigt, was ein Drucker druckt – oder anders ausgedrückt, was ein Computer als fassbares Produkt und damit als Realität erzeugt – ist abhängig von der Software, die wir benutzen und von den Befehlen, die wir eingeben.[9]

Wenn wir diese Begriffe auf unser Leben übertragen, dann sind unsere Gedanken, Gefühle, unsere Gebete und unser Glauben mit *der Software* eines Computers zu vergleichen. Diese Software

---

[9] Daniel Clement Dennett: Kinds of Minds. Toward an understanding of consciousness. New York: Basic Books, 1996. Deutsche Ausgabe: ders.: Spielarten des Geistes: Wie erkennen wir die Welt? Ein neues Verständnis des Bewusstseins. München: Goldmann, 2001.
Daniel Dennett ist Kognitionswissenschaftler und Professor an der Tufts Universität bei Boston. Er beschäftigt sich mit der Philosophie des Geistes, der Wissenschaftstheorie und der Philosophie der Biologie.

bildet die Befehle für unser *Betriebssystem* – das Bewusstsein. Das Bewusstsein hat nun wiederum Auswirkungen auf unseren Körper durch den – im Sinne einer *Hardware* – unsere erlebte Realität erzeugt wird. *Die Wirklichkeit ist der Output!*

Und genauso, wie wir bei einem Computer nicht die Hardware bzw. das Betriebssystem, sondern die Befehle und Programme wechseln, wenn wir ein anderes Ergebnis wünschen, müssen wir auch den Input für unser Bewusstsein ändern, wenn wir unser Leben ändern wollen – d.h. unsere Gefühle, Emotionen, Gebete, Überzeugungen und unser Denken.

Was hier mit den Begriffen und Bildern der heutigen Zeit beschrieben wird, ist interessanterweise auch in einem Gebet wiedergegeben, das sich auf einen Text aus dem Talmud zurückführen lässt. Die Worte des Gebetes haben damit ihren Ursprung in einer Quelle jüdischer Weisheit, die mehrere tausend Jahre alt ist:

Herr, bestimme Du meine *Gedanken*,
denn sie werden zu Worten.
Bestimme meine *Worte*,
denn sie werden zu Handlungen.
Bestimme meine *Handlungen*,
denn sie werden zu Gewohnheiten.

Bestimme meine *Gewohnheiten*,
denn sie werden mein Charakter.
Bestimme meinen *Charakter*,
denn er wird mein *Schicksal*.

Dieses Gebet ist mir sehr wichtig. Ich bete es regelmäßig und versuche seine Worte in meinem Leben umzusetzen. Zwar stellen sich die sichtbaren Erfolge im Alltag nicht schlagartig ein – denn aus einem eher pessimistisch geprägten Menschen wird eben nicht von heute auf morgen ein uneingeschränkt lebensbejahender Optimist – aber positive Veränderungen in die richtige Richtung sind bei mir durchaus erkennbar. Es ist erstaunlich – aber es scheint zu funktionieren. Ich mache Ihnen daher Mut, diesen Weg des neuen Denkens einzuschlagen.

Tipp 2
Kapseln Sie sich nicht von Ihrer Umwelt ab.

Auch oder gerade in einer Krise sind die Mitmenschen sehr wichtig. *Suchen Sie nach Menschen, die ein ähnliches Schicksal gemeistert haben!* Menschen, die eine vergleichbare Krise überwunden haben, können Sie wirklich verstehen und geben Ihnen die Hoffnung, dass auch Sie es schaffen werden. Außerdem können Ihnen diese Menschen oft praktische Tipps geben und helfen, die verlorengegangene Objektivität wiederzuerlangen. Vielleicht brauchen Sie einen Menschen, der Sie auf den Boden der Tatsachen zurückholt. Und in jedem Fall tut es Ihnen und Ihrer Seele einfach gut sich auszusprechen.

Meine Familie und ich hatten das große Glück in unseren schweren Jahren immer Menschen an unserer Seite zu haben, die uns helfen konnten. Ohne sie hätten wir es nicht geschafft. Sie beteten für uns, auch wenn wir keinen Glauben mehr aufbringen konnten. Und das nicht nur zu Hause im stillen Kämmerlein, nein, sie besuchten uns und waren ganz praktisch für uns da. Sie gaben nicht auf und kamen immer wieder, auch wenn alles hoffnungslos schien. Sie ließen sich von meiner oft abweisenden Art nicht abschrecken. Sie ertrugen es, sich unseren ganzen Frust, die Ängste, Fragen, Anklagen und Zweifel anzuhören. Sie hatten den Mut auch einmal zu schweigen, ohne schnell mit einer vorgefertigten Antwort zu kontern und waren stark genug, um im wahrsten Sinne des Wortes „*mit-zu-leiden*". Sie haben sich auf uns eingelassen, obwohl wir am Boden lagen. Aus dieser Erfahrung heraus kann ich Ihnen nur raten:

Nehmen Sie Hilfe in Anspruch.
Hören Sie auf sich einzuigeln.
Kommen Sie aus Ihrem Schneckenhaus
heraus ans Licht.

Ganz persönlich

Das folgende Lied beschreibt, wie ich die praktische Hilfe anderer Menschen in meiner Krisenzeit erlebt habe. Es ist mein Dank an alle, die meiner Familie und mir an unserem Tiefpunkt nahe waren und uns geholfen haben.

Für meine Freunde

Es tut gut, dass du da bist,
dass du dir Zeit nimmst und mir nah bist.
Dass du's erträgst
einen Teil meiner Angst auf dich zu nehmen,
um gemeinsam ein Stück Weg mit mir zu gehn.
Es tut gut, dass du den Mut hast,
einfach zu schweigen und nicht anklagst.
Wenn ich fluche und versuche zu verstehn
und wenn ich zweifle
an all den Dingen, die bisher so wichtig waren.

Wenn helle Tage sich verdunkeln.
Wenn Eiseskälte lähmt mein Herz,
dann bringen Freunde Kraft ins Leben,
die Hilfe geben,

die mit mir teilen meinen Schmerz.
Dies zu erleben gibt mir Hoffnung,
dass Er im Himmel an mich denkt.
Wie ein Geschenk – so wie ein Zeichen,
ein Händereichen,
dass Er auch meine Wege lenkt.

Es tut gut mit dir zu lachen,
scheinbar Sinnloses zu machen.
Ohne Zwang nur ernst zu reden,
einfach zu leben,
die Zeit genießen, wenn es gut geht,
denn das hilft mir aufzustehen.

Wenn helle Tage sich verdunkeln.
Wenn Eiseskälte lähmt mein Herz,
dann bringen Freunde Kraft ins Leben,
die Hilfe geben,
die mit mir teilen meinen Schmerz.
Dies zu erleben gibt mir Hoffnung,
dass Er im Himmel an mich denkt.
Wie ein Geschenk – so wie ein Zeichen,
ein Händereichen,
dass Er auch meine Wege lenkt.

Tipp 3
Beginnen Sie, das aufzuschreiben, was Sie bewegt.

Manchmal hilft es z.B. ein *Tagebuch* zu führen, um die Gedanken zu ordnen. In meiner Krisenzeit begann ich damit, Lieder zu schreiben. Meine Fragen, Ängste und Zweifel ertrug ich leichter, nachdem ich sie zu Papier gebracht hatte. Es war fast so, als ob ich sie dadurch abgeladen und ein Stück weit von mir losgekoppelt hätte. Ich konnte sie mir anschauen und aus einer anderen Perspektive betrachten. In Momenten des totalen Gefühlschaos halfen mir die Liedtexte, das Wesentliche aus meinen Gedanken herauszufiltern. Indem ich versuchte, so zu formulieren, dass auch ein Außenstehender meine Empfindungen nachvollziehen konnte, wurden meine Gefühle auch für mich selbst verständlicher. So kann das Aufschreiben von Gedanken und Gefühlen zu so etwas wie einer Eigentherapie werden, die uns hilft, besser mit einer schlimmen Situation umzugehen.

Ich habe mit dem Schreiben intuitiv und ohne eine gezielte Absicht begonnen. Als ich jedoch bemerkte, wie gut es mir tat, konnte ich nicht mehr damit aufhören. Und das ist über die Jahre bis heute so geblieben.

Dieser positive Effekt des Schreibens ist der modernen Psychologie und Psychotherapie schon länger bekannt und wird als *therapeutisches Schreiben*[10] für die Arbeit mit Patienten genutzt. Nutzen Sie es doch auch für sich selbst! Sie können und sollen dabei absolut ehrlich mit sich und den Dingen, die Sie bedrücken, umgehen und auf keinerlei Konventionen Rücksicht nehmen. Es ist manchmal bedeutend einfacher, über Gefühle und belastende Dinge zu schreiben, als mit einem anderen Menschen darüber zu reden. Zwar sollte das Schreiben nicht das Gespräch ersetzen, aber es ist eine gute Ergänzung für den inneren Heilungsprozess. Sie werden sich bedeutend besser fühlen, wenn Sie sich alle aufgestauten negativen Gefühle wie Wut und Angst von der Seele geschrieben haben. Das Schreiben eines Tagebuches ist kein Allheilmittel, aber ein erfolgreicher Helfer im Umgang mit schwierigen Lebenssituationen. Es wird sicherlich dazu beitragen, Ihre Gefühle und Gedanken besser zu verstehen.

---

10 vgl. Silke Heimes: Kreatives und therapeutisches Schreiben. Ein Arbeitsbuch. Göttingen: Vandenhoeck & Ruprecht, 2008.

Tipp 4
**Lesen Sie hilfreiche Bücher,
die Trost und Kraft geben.**
Es gibt so viel gute Literatur zur Lebensberatung: psychologische Ratgeber, geistliche Impulsbücher oder auch Biographien. Manche Menschen lesen Gedichte, hören Liedtexte, vertiefen sich in spirituelle Schriften oder nehmen die Bibel zur Hand. Gönnen Sie sich die Zeit und suchen Sie das für Sie passende aus. Ich selbst hatte damals einen bunten Mix aus allen eben genannten Büchern. Die Bibel nahm dabei – trotz all meiner Zweifel – einen besonderen Platz ein.

Sicherlich helfen auch nicht die Bücher alleine aus einer schweren Krise, aber sie sind ein sehr hilfreicher Baustein im Gesamtkonzept. *Ein* positiver Effekt beim Lesen ist, dass Sie das eigene Problem unter einem anderen Blickwinkel und mit fremden Augen betrachten können. Sie kommen auf neue Ideen und treten aus der eigenen negativen Gedankenspirale heraus. Bücher geben Mut und Kraft, wenn Sie lesen, wie ein Betroffener aus seiner Krise herausgekommen ist.

Wenn Sie lesen, wie Gott einem anderen Menschen in seiner schweren Situation konkret geholfen hat, wird das Ihr Vertrauen in das Handeln der himmlischen Welt stärken.

Denn eins ist absolut sicher:
Gott handelt nicht nur bei den anderen.
Er wird auch Sie nicht im Stich lassen!

Tipp 5
Versuchen Sie, jeden Tag für sich alleine zu betrachten, und mobilisieren Sie Ihre Kräfte für überschaubare Abschnitte oder einzelne Ereignisse.
Mir hat es sehr geholfen, in immer kleineren Zeitrahmen zu denken, je akuter die leidvolle Lebenssituation wurde. So zum Beispiel während der Zeit, als unsere Tochter 54 Tage in einem sterilen Isolierzelt der Universitätsklinik liegen musste, während ihr die Blutzellen unseres Sohnes transplantiert wurden. Die Angst in dieser Spezialabteilung unser Kind zu verlieren war unermesslich groß und uns ein ständiger Begleiter. Ich habe in dieser Zeit nicht auf den unüberschaubar hohen Berg der möglichen Komplikationen geschaut. Das hätte mich als Arzt mit all meinem Wissen über diese Krankheit erschlagen. Sondern ich habe versucht, jeden Tag für sich zu betrachten.

Häufig habe ich auch nur von morgens bis mittags, dann bis abends und bis zur kommenden Nacht gedacht. Und manchmal hat meine Kraft sogar nur von Stunde zu Stunde gereicht. Das ist die Strategie der kleinen Schritte, bei der wir täglich um Kraft für einen überschaubaren Abschnitt bitten.

Nur immer einen Tag zu sehen,
nur immer einen Schritt zu gehen,
scheint so einfach – ist so schwer.
Nie auf den hohen Berg zu schauen,
viele kleine Brücken bauen,
dies führt weiter – hilft mir sehr.

In den mittlerweile fast 25 Jahren meiner Berufstätigkeit habe ich viele Menschen kennen gelernt, die mit einer schweren Lebenssituation zu kämpfen hatten. Dabei wurde mir klar, dass die Art und Weise der Bewältigung einer Krise individuell sehr verschieden ist. Es gibt hierfür weder Patentrezepte noch Ratschläge mit Erfolgsgarantie.
Jeder Mensch wird seinen Weg finden.

Auf den vorangegangenen Seiten habe ich Ihnen berichtet, was *mir* half. Und ich wünsche mir sehr, dass der eine oder andere meiner Gedanken zu einem positiven Anstoß für *Sie* wird. Vielleicht gibt Ihnen ein neuer Aspekt wieder Halt in stürmischer Zeit.

Ganz persönlich

Trotz all meiner Fragen, Zweifel und Ängste gab Gott mir immer wieder den Mut weiterzumachen. An den Tiefpunkten fühlte ich mich getragen, obwohl um mich herum Dunkelheit herrschte. In diesen vermeintlich ausweglosen Momenten des Lebens war der Glaube für mich plötzlich keine Theorie mehr. Dann war und ist Gott ganz nah. Er wird zur Kraftquelle und gibt praktisch erfahrbare Hilfen in der Grenzsituation. Das ist kaum zu verstehen, aber wahr – Gott sei Dank!

Kaum zu verstehen

Ich habe viel erzählt von dir,
von deinem Wirken jetzt und hier,
dass du am Tiefpunkt bei mir bist.
Bisher war es nur Theorie,
denn so erlebt hab ich's noch nie,
dass da wirklich Hilfe ist.

*Ich habe Zweifel, viele Fragen,
lähmende Angst, mir fehlt der Mut
und spür doch Hoffnung, finde Ruhe,
das tut meiner Seele gut.
Es ist für mich kaum zu verstehen,
fühl mich getragen und nicht allein,
dabei scheint der Weg so dunkel
und ohne Ausweg für mich zu sein.*

*Nur immer einen Tag zu sehn,
nur immer einen Schritt zu gehn,
scheint so einfach – ist so schwer.
Nie auf den hohen Berg zu schaun,
viele kleine Brücken baun,
dies führt weiter – hilft mir sehr.*

*Ich habe Zweifel, viele Fragen,
lähmende Angst, mir fehlt der Mut
und spür doch Hoffnung, finde Ruhe,
das tut meiner Seele gut.
Es ist für mich kaum zu verstehen,
fühl mich getragen und nicht allein,
dabei scheint der Weg so dunkel
und ohne Ausweg für mich zu sein.*

Vierte Phase: Neue Perspektive

Mit einer neuen Sichtweise und einem wiedergefundenen inneren Gleichgewicht, beginnt die *vierte und letzte Phase der Krisenbewältigung*:

Sie erkennen, wie der Weg weitergeht und was geändert werden muss. Sie sehen auf einmal die Chance in der anfänglich so sinn- und ausweglos scheinenden Lebenssituation. Sie spüren, wie die Last abfällt und wie der innere Druck nachlässt. Sie begreifen den *Lernprozess*, der begonnen hat und der vermutlich ein Leben lang anhält.

Dank dieses Lernprozesses sehe ich heute viele Dinge mit anderen Augen. Durch den neuen Blickwinkel bekommen bisher statische Ansichten eine dynamische Beweglichkeit. Das ist spannend und macht neugierig auf weitere Erkenntnisse, die sich daraus entwickeln werden.

Drei solcher Erkenntnisse möchte ich Ihnen gerne mitgeben:

Ich lerne, was wirklich wichtig ist.
Durch das Erleben einer Grenzsituation bekommen die „normalen" Alltagsprobleme eine andere Wertigkeit. Mit Situationen, die mir bisher die Zornesröte ins Gesicht steigen ließen, gehe ich nun gelassener um.

Es ist zum Beispiel egal, ob die Garantie der neuen Kaffeemaschine gestern abgelaufen ist und ich heute, bei verstopfter Filteranlage, keine Möglichkeit mehr habe, sie umzutauschen. Auch rege ich mich nicht mehr auf, wenn meine Kinder nach dem Spielen Kratz- oder Schmutzspuren auf dem neuen Parkettboden hinterlassen. Sich hierüber zu ereifern, kostet wertvolle Energie, die ich an anderer Stelle viel dringender benötige. Ich lerne mit meinen Kraftreserven verantwortungsvoller umzugehen, denn sie sind nicht unbegrenzt verfügbar.

Auf der anderen Seite werden scheinbar „alltägliche" Begebenheiten unschätzbar wertvoll: ein harmonisches Familienfrühstück ohne Zeitdruck, eine Fahrradtour durch den Wald oder das Steigenlassen eines Windvogels an einem sonnigen Herbsttag. Diese Momente geben Kraft, wenn ich lerne, das Besondere an ihnen zu erkennen und sie bewusst zu leben.

Ich lerne meinen Glauben neu zu sehen.
Gott ist für mich immer noch die Grundlage meines Lebens, auch – oder vielleicht gerade weil – mein bisheriges Bild von ihm zerbrochen ist. Es entsteht etwas Neues.

Seltsamerweise wurde trotz all der schlimmen Erlebnisse und der vielen hoffnungslosen Täler, durch die wir gehen mussten, mein Glaube bis heute tiefgründiger. In ihnen erkenne ich, dass Gott – und nicht meine eigene Stärke – der Grund ist, auf den mein Leben aufbaut.

In Zeiten der Schwäche bin ich empfänglich für sein Eingreifen und werde demütig. Wenn ich erlebe, dass er an den entscheidenden Punkten bei mir ist und dass er genau dann hilft, wenn es notwendig ist, sind das die tragenden Erfahrungen für das weitere Leben.

Ich erahne das vielschichtige Wesen Gottes, ohne es in seiner Gesamtheit auch nur ansatzweise erfassen zu können. Ich erahne auch die komplexe Existenz einer unsichtbaren Welt, die uns umgibt, die uns Kraft gibt und auf unseren Alltag einwirken kann. Ich werde das alles in diesem Leben niemals richtig begreifen. Dafür sind meine Sinne und mein Verstand zu beschränkt. Aber das, was Gott mir heute schon offenbart, möchte ich in mein Leben integrieren.

Ich beginne zu verstehen, dass die ehrliche Selbsterkenntnis hilft, Gott näher zu kommen. Was er von mir will, hat nichts mit meinen eigenen Idealen zu tun. Diese dienen häufig nur dazu, mich besser vor den Menschen und vor Gott dastehen zu lassen. Sie sind damit ein Ausdruck meines Ehrgeizes. Die Ideale zeigen, wie ich gerne sein würde und wie ich von meiner Umgebung wahrgenommen werden möchte.

Wirklich mutig ist erst der Schritt hinter die Fassade, um dort schonungslos den persönlichen Schwächen zu begegnen. Es ist ein Ausdruck von Stärke, in die eigene Realität hinabzusteigen, um sich den verborgenen Leidenschaften, Ängsten, Fragen und Zweifeln zu stellen. Meine Schwächen und meine Ohnmacht zeigen mir den Weg zu Gott. Durch sie erkenne ich, was Gott mit mir vorhat und was er aus mir formen kann, wenn er mich ganz mit seiner Nähe und Gnade erfüllt.

Gerade in den Tiefen habe ich mich an Gott gewandt und in den dunkelsten Momenten den Kontakt zu ihm nicht abgebrochen. Irgendwie habe ich gespürt, dass dies mein Ende gewesen wäre. Stattdessen habe ich Gott all meine Wut und Verzweiflung regelrecht entgegengeschrien. Meine Wortwahl war häufig unverschämt – aber: Ich habe weiter mit ihm geredet!

Machen Sie es auch so: Sagen Sie Gott mit ehrlichen Worten, was Sie im Innersten bewegt. Auf die Wortwahl kommt es nicht an. Gott pfeift auf Konventionen.

Wichtig ist, dass Sie ihn selbst nicht loslassen. Oder dass Sie zumindest wissen:

Gott lässt Sie nie los.

Um diese Gewissheit geht es in dem Gedicht *„Spuren im Sand"* der kanadischen Schriftstellerin Margaret Fishback Powers.[11] Sie verfasste es 1964 nach einem Traum. Zu diesem Zeitpunkt war sie 21 Jahre alt, glaubte an Gott und hatte bereits mehrere Schicksalsschläge hinter sich. In diesem Traum ging sie zusammen mit Gott am Meer entlang. Ihr erschienen Bilder ihres Lebens und jedes Mal sah sie zwei Fußspuren im Sand, ihre eigenen und daneben die Fußspuren Gottes.

Erschrocken stellte sie fest, dass zu den schwersten Zeiten ihres Lebens nur eine Spur zu sehen war. Enttäuscht klagte sie Gott aus tiefstem Herzen an.

Darauf bekräftigte er, dass er sie nie alleine lassen werde. Dort wo nur eine Spur zu sehen sei, habe er sie getragen.

---

[11] Margaret Fishback Powers: Spuren im Sand. Ein Gedicht, das Millionen bewegt, und seine Geschichte. Gießen: Brunnen.

Ich lerne, dass nichts vergebens ist.
Diese Aussage möchte ich nicht als billigen Trost verstanden wissen, sondern als durchlebte Erfahrung und ehrliche Erkenntnis nach leidvollen Jahren.

Vielleicht bin ich nur in den dunkelsten Momenten bereit, mich vollkommen auf Gott einzulassen – nur dann, wenn ich überhaupt nichts mehr zu geben habe, kraftlos und mit leeren Händen dastehe?

Vielleicht sind gerade die Tiefpunkte des Lebens rückblickend die entscheidenden Wendepunkte, an denen ich grundlegende Erkenntnisse über mich selbst, Gott und die himmlische Welt sammeln konnte, in denen ich Schätze sammeln durfte, die über das irdische Leben hinaus Bestand haben?

Vielleicht ist das Verlangen, in allem einen Sinn zu erkennen gar nicht richtig?

Vielleicht ist, unter diesem Gesichtspunkt betrachtet, der Weg tatsächlich bereits ein Ziel?

Ganz persönlich:
Nichts ist vergebens

Es ist nichts vergebens,
scheinbar ist es der Sinn des Lebens
alles durchzustehn – und weiter zu gehn.
Es ist nichts ohne Sinn,
egal wo und was ich bin,
oft versteh ich nicht – oft fehlt mir die Sicht.

> *Fühl mich allein,*
> *dabei muss das gar nicht sein,*
> *würd ich nur vertraun,*
> *und nicht auf meine Schwächen schaun.*

Ich will weitergehn,
will durch Nebelschwaden sehn
hab den Weg als Ziel – verlang vieleicht zu viel.
Ich weiß es ist Zeit,
bin zum Hören bereit,
seh die Schatten nicht – seh in dein Gesicht.

> *Fühl mich allein,*
> *dabei muss das gar nicht sein,*
> *würd ich nur vertraun,*
> *und nicht auf meine Schwächen schaun.*

Das Mosaik

Über die Jahre habe ich gelernt, dass es oft gar keine sonderlich spektakulären Ereignisse sind, wenn Gott helfend in unser Leben eingreift. Wir dürfen nicht den Fehler machen, auf das „ganz große Zeichen" zu warten und die Hilfe im Kleinen zu übersehen. Bei mir waren und sind es oft ganz alltägliche Erfahrungen, aus denen ich Kraft schöpfen kann. Denn Gott möchte uns genau hier begegnen: mitten in unserem Alltag.

So erinnere ich mich zum Beispiel noch gut an einen Montagmorgen, als einer meiner ersten Patienten bei mir in der Sprechstunde saß. Er hatte eine schwere Krebserkrankung überstanden, litt nun aber in Folge der Therapie an einer Leukämie. Ich wusste, dass er regelmäßig den Gottesdienst besuchte, und so fragte ich ihn:

„Haben Sie manchmal Zweifel, dass Gott wirklich der liebende, fürsorgliche Vater ist, wie wir es in der Predigt oft hören? Können Sie noch glauben und vertrauen, nach allem, was Sie durchgemacht haben?"

Er antwortete beeindruckend spontan und aufrichtig: „Ich glaube, dass Gott da ist und mein Leben in der Hand hält. Alles hat einen Sinn, auch wenn ich diesen im Moment noch nicht erkennen kann. Alle Erfahrungen formen meine Seele und wirken über mein menschliches Erdenleben hinaus. In einem Mosaik sind die dunklen Steine wichtig für die Struktur des Bildes. Mein Leben ist wie ein Mosaik. Der „dunkle Stein", in dem ich im Moment lebe, ist wichtig für die Harmonie meines Lebensbildes. Irgendwann werde ich es von oben sehen und erkennen können. Da bin ich mir sicher."

Dieses kurze Gespräch hat mich sehr berührt. Der Vergleich des Lebens mit einem Mosaik passte genau in meine damalige Lebenssituation und gab mir in diesem Moment Kraft. Ich wünsche mir, dass dieser Gedanke in Ihnen ähnliches bewirkt.

Aus diesem Erlebnis ist ein weiteres Lied entstanden. Es trägt den Titel *Das Mosaik*. Mit diesem Lied möchte ich mich nun von Ihnen verabschieden, aber nicht ohne Ihnen noch zu sagen, dass es unserer Tochter heute – Gott sei Dank – gut geht. Sie führt das Leben eines ganz normalen Teenagers – mit allem was dazugehört! Und das ist gut so. Vielen Dank, dass Sie sich für dieses Buch und das wichtige Thema *Lebenskrisen* Zeit genommen haben.

Ich wünsche Ihnen viel Kraft und Durchhaltevermögen, neue Gedanken, gute Ideen und vor allem Gottes spürbaren Beistand auf Ihrem Weg.

Werden Sie stark .... in den Krisen Ihres Lebens!

Ganz persönlich

Das Mosaik

Wieviel blindes Schauen
bis ich seh.
Wieviel taubes Hören
bis ich versteh.
Wie oft nur Mauern spüren,
da wo ich bin,
die nächste Tür nicht finden,
wo geht es hin?

Das Leben ist ein Mosaik,
zur Zeit fehlt mir der Überblick.
Es kommt der Tag, da werd ich sehen,
von oben schauen und verstehen.
Ich werde sehen: Der „dunkle Stein",
in dem ich leb, wird wichtig sein
für das Farbzusammenspiel
für die Harmonie als Ziel.

*Wie lang zielstrebig suchen
bis der Zweifel flieht.
Wie lang nur fragend wissen
bis Erkenntnis blüht.
Wie lange stolpernd gehen,
ohne Sicht
den Weg vor mir nicht sehen,
wann kommt das Licht?*

*Das Leben ist ein Mosaik,
zur Zeit fehlt mir der Überblick.
Es kommt der Tag, da werd ich sehen,
von oben schauen und verstehen.
Ich werde sehen: Der „dunkle Stein",
in dem ich leb, wird wichtig sein
für das Farbzusammenspiel
für die Harmonie als Ziel.*

Literaturhinweise

Baecker, Dirk: Studien zur nächsten Gesellschaft. Frankfurt/M.: Suhrkamp, 2007.

Caplan, Gerald: Principles of preventive psychiatry. New York: Basic Books, 1964.

Dennett, Daniel Clement: Spielarten des Geistes: Wie erkennen wir die Welt? Ein neues Verständnis des Bewusstseins. München: Goldmann, 2001.

Fishback Powers, Margaret: Spuren im Sand. Ein Gedicht, das Millionen bewegt, und seine Geschichte. Gießen: Brunnen.

Glumm, Christoph: Signale der Seele verstehen. (Reihe Stark werden) Kawohl Verlag: Wesel, 2012.

Glumm, Christoph: Wenn das Leben kopfsteht. Friesenheim: mediaKern, 2010.

Heimes, Silke: Kreatives und therapeutisches Schreiben. Ein Arbeitsbuch. Göttingen: Vandenhoeck & Ruprecht, 2008.

Kast, Verena: Der schöpferische Sprung: vom therapeutischen Umgang mit Krisen. Düsseldorf: Patmos 2008.

Kast, Verena: Trauern: Phasen und Chancen des psychischen Prozesses. 13. Aufl. Stuttgart: Kreuz 1982.

Kübler-Ross, Elisabeth: Interviews mit Sterbenden. München: Droemer Knaur, 2001.

Kübler-Ross, Elisabeth: Verstehen was Sterbende sagen wollen. Einführung in ihre symbolische Sprache. München: Droemer Knaur, 2000.

Luhmann, Niklas: Einführung in die Systemtheorie. 5. Auflage, Heidelberg: Carl Auer Verlag, 2009.

Mary, Michael: Das Leben lässt fragen, wo du bleibst. Bergisch Gladbach: Lübbe, 2005.

Mertens, Wolfgang: Psychoanalyse. Geschichte und Methoden. München: C.H. Beck, 2004.

Rösener, Antje und Hansjörg Federmann: Die Midlife-Brise. Frische Gedanken für die Lebensmitte. Asslar: adeo, 2011.

Dr. Christoph Glumm

Jahrgang 1962, ist Facharzt für Allgemeinmedizin und Geriatrie (Altersheilkunde). Nach 10-jähriger Klinikzeit als Stations- und Oberarzt ist er seit 2001 in eigener Hausarztpraxis niedergelassen. Er ist verheiratet, hat 3 Kinder und lebt mit seiner Familie im Bergischen Land.

Seine geistlichen Wurzeln liegen in der evangelisch-frei- und landeskirchlichen Jugendarbeit, die er u. a. musikalisch aktiv mitgestaltet hat. In den 80er Jahren spielte er mit verschiedenen Bands auf zahlreichen kirchlichen Veranstaltungen.

1996 erkrankte seine damals einjährige Tochter an Leukämie. Unter anderem hat ihm das Schreiben von Liedern geholfen diese schwere Lebensphase zu bewältigen. Seine Texte erzählen davon, wie es sich lebt, wenn Gott im Alltag scheinbar verborgen bleibt und sich alles verändert, was bisher wichtig war.

In der Buchreihe „Stark werden ..." verbindet er sein eigenes Erleben mit fachlicher Kompetenz zu sehr persönlichen Ratgebern.

Danksagung

Ich danke meiner Frau und meinen Kinder. In den vergangenen Monaten waren sie sehr geduldig mit mir. Sie gaben mir Zeit, die Bücher zu schreiben und an meinen Liedern zu arbeiten. Auch hatte ich den Freiraum während der Sommerferien (!) 2011 im Tonstudio die CD aufzunehmen.

Dem Kawohl Verlag danke ich für die konstruktive und vertrauensvolle Zusammenarbeit bei diesem Buch-CD-Projekt. Mein Dank geht an Jürgen Dörr für das Lektorieren, die guten Einfälle und das gelungene Layout.

Hansi Scharnowski sage ich Dank für den großen persönlichen Einsatz und die vielen Ideen in der Zeit vor, während und nach der CD-Produktion. Durch sein musikalisches Können und Einfühlungsvermögen wurden meine Lieder lebendig!

Das Wichtigste auf einen Blick

1. Krisen sind Wendepunkte
Sie teilen das Leben
in ein Davor und ein Danach.

2. Krisen sind Chancen
Sie machen stark für das weitere Leben.

3. Krisen sind Lernprozesse
Sie helfen zu erkennen,
was im Leben wirklich wichtig ist.
Man lernt wesentliche Dinge über sich selbst,
über Gott und die himmlische Welt,
die auch nach diesem Erdenleben
noch Bestand haben.

4. Krisen treffen jeden Menschen
Daher muss sich keiner schämen
oder als besonders schlecht erachten,
wenn er oder sie
in eine Krise hineingeraten ist.

**5. Viele Menschen konnten
ihre Krise bewältigen**
Was anderen Menschen erfolgreich
gelungen ist, wird auch Ihnen gelingen.

6. Positiv denken in der Krise
Negative Gedanken sind extrem hinderlich
für die Bewältigung des Alltags. Die Gedanken,
Gefühle und Glaubenssätze beeinflussen
im hohen Maß die eigene erlebte Wirklichkeit.

7. Nicht von der Umwelt abkapseln in einer Krise
Menschen die ähnliches erlebt haben,
können wertvolle Ratschläge geben und helfen,
die verlorengegangene Objektivität
wiederzuerlangen.

8. Jeden Tag neu für sich alleine betrachten
Die vorhandenen Kräfte für überschaubare
Abschnitte oder einzelne Ereignisse
mobilisieren. Nicht vor dem großen Berg
der Probleme resignieren.

9. In der Krise lässt Gott Sie nicht los
Gott ist gerade dann nah, wenn alles
hoffnungslos erscheint und wenn die Zweifel,
Ängste und Fragen erdrückend sind.

10. Gott fordert nichts, ohne nicht auch die Kraft zu geben es tragen zu können
(frei nach Dietrich Bonhoeffer)

Stark werden

Christoph Glumm
Signale der Seele verstehen
Krankheiten, Erschöpfung, Emotionen, Träume – sie alle wollen uns etwas sagen. Wie können wir die Botschaft verstehen und konstruktiv nutzen? Dr. med. Glumm ist ein Arzt, der nicht nur Symptome behandelt. Er sucht mit seinen Patienten nach den wahren Gründen und das auf menschlich-persönliche Weise. Gehen Sie mit ihm auf Expedition zu den ungeöffneten Briefen Ihres Lebens und machen Sie erstaunliche Entdeckungen.
ISBN: 978-3-86338-001-4

Christoph Glumm
Auf meinem Weg
Songs vom Leben
Die Höhen und Tiefen des Lebens formen unsere Seele. Sie machen uns zu der Persönlichkeit, die wir sind. Die Lieder auf dieser CD erzählen wie Tagebucheinträge von Gedanken und Erlebnissen. Ungeschminkt, aufrichtig, authentisch. Sehr vielseitig und

mit vielen bekannten Musikern singt Christoph Glumm davon, was ihn selbst trägt und stark macht. Mal kantig und rau, mal heiter und gefühlvoll. So, wie das Leben eben spielt.   ISBN 978-3-942781-14-5

„Hier hat ein neuer deutscher Singer-Songwriter aus dem Stand funkelnde Pop-Balladen und unvergesslich mitsingbare Hitmelodien geschaffen."   Andreas Malessa